むらかみ　じゅんこ

子どもと育ちあうために

「どうしよう?」と
悩むときのヒント

日本キリスト教団出版局

装丁　ラカー亜耶

まえがき

この本を手に取ってくださり、ありがとうございます。

子どもはとても不思議な存在です。おとなの目から見ると「どうしてそんなことをするの？」と思うような行動をします。私たちもかつては子どもだったのですが、おとなになるとその頃の感覚を忘れてしまい、理解が難しいと感じるのでしょうか。

この本には、そんな子どもたちと関わるおとなの皆さんに向けたメッセージを詰めました。

前半では、子育てについて書いています。子育ては喜びに満ちた時間ですが、同時に悩みや試練もついてきます。「どうしたらいいんだろう？」

と迷い、「失敗した」と落ち込む日もあるでしょう。子どもが寝静まった後に「やっと一日が終わった！」と安堵しながら、「寝ている姿は天使みたいなのに」と思うことも少なくないはずです。この本が、そんなお父さんお母さん、そして子どもにたずさわっているすべての方の悩みや困りごとの解決のヒントとなり、少しでも気持ちを軽くして子どもと向き合える手助けになれば幸いです。

後半では、教会学校（ＣＳ）の子どもたちとの関わりについて書いています。私自身もＣＳで育ち、そのなかで先生たちの存在の大きさを身をもって感じてきました。お給料が出るわけでもなく、直接的に感謝されることも少ないなかで、子どもたちが神さまのもとですくすくと育つように祈り、接してくださる先生方には頭が下がる思いです。しかし、教会という場であったり、他人のお子さんを預かるからこその難しさや悩みもあるでしょう。この本がCSの先生方への励ましになればと願っています。

「自分は子育てもしていないし、CSの教師でもないから関係ない」と思われる方もいるかもしれません。しかし、この本で触れる内容は教会に関わるすべての方に読んでいただきたいものです。なぜなら教会には多くの子どもたちがいるからです。そして、教会を通して子どもたちと関わる機会があるのではないでしょうか。たとえば日曜日に教会のホールを歩く子どもの姿を目にすることもあるでしょう。子育て中のお父さんお母さんとお話しすることもあるかもしれません。

教会に与えられた子どもたちは、教会全体の宝物です。おとなたちが協力して子どもたちを育てることが、教会の大切な役割だと思っています。あるいは、幼稚園や保育園など、仕事で子どもに触れる皆さんにもぜひお読みいただければ幸いです。

この本には、子どもの年代ごとの特徴や起こりうる問題、それらに対して周囲のおとなができることなどを盛り込んでいます。この本を読むことで、子どもの世界を知り、周りのお父さんお母さんなど、直接子どもたちに関わりのある人のためにできることを見つけられるかもしれません。

子どもは周りのおとなたちから（そのおとなが親であってもなくても）大きな影響を受け、成長していく存在です。この本が、子どもの理解を深め、子どもたちとよりよい関係を築くための助けになるよう願っています。

＊なお、「〝ちょっと困った行動をする子〟との関わり――ＣＳで出会う子どもたち」（47頁以下）に出てくる子どもたちは、似たようなケースを集めた架空の事例です。

子どもと育ちあうために　＊目次＊

子どもと育ちあう

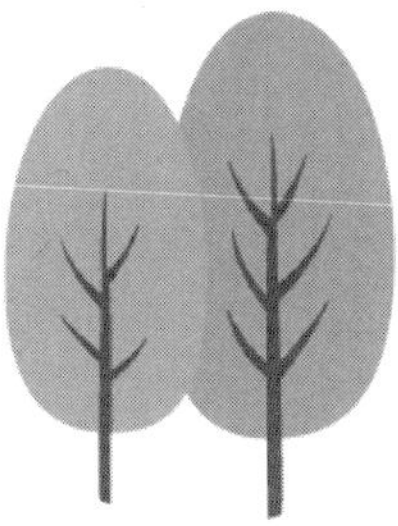

泣く子は育つ！

赤ちゃんが泣くと、お父さんやお母さんはドキッとして「どうしたのだろう？」「早く泣き止ませなくては」と思ってしまいますよね。〝親は、子どもが泣いただけで何をしてほしいかわかる〟などと言われますが、実際はそんなにうまくいきません。オムツを換えても、ミルクをあげても、抱っこしても泣き止まないことだってあります。そうするとこちらも無力感でいっぱいになってきて、「親失格」のような気分にもなります。

そんなに慌てて泣き止ませようとしなくても大丈夫です。赤ちゃんは泣くのが仕事、しばらく泣いていても問題はありません。泣きすぎで病気になってしまった赤ちゃんはいません。ずっと泣いていたらかわいそうになりますし、近所迷惑にならないかとか考えてしまいますが、焦る必要はありません。

時には、赤ちゃんが理由もなく泣き続けることもあります。初めは原因があって泣き始めますが、その原因が取り除かれても、「泣いているから泣く」という状態に陥ってしまいます。そうなると、もうどうしようもなくなります。もしどこか体の具合が悪そうなら、お医者さんに診てもらいましょう。そうでなければ、赤ちゃんの気が済むまで泣かしてあげるつもりで、抱っこしながら静かに話しかけてあげてください。いつかは必ず泣き止みますから。

大きくなっても、子どもは泣くものです。泣くことは、子どもにとって大切な感情表現の方法ですから、叱ったり、「泣いたらダメ」と言ったりしないでください。子どもの涙の背後には、悲しみや不安、恐怖、悔しさ、怒りなどの気持ちがあります。ですから、もし子どもが泣いていたら、「悲しかったのかな？」「心配になっちゃったよね」など、その気持ちを汲み取った言葉をかけてあげてください。子どもには、「自分の気持ちをわかってもらえた」という経験がとても重要です。

泣く子は育つ。子どもの心が豊かに成長するために、泣くことは大切なことなのです。

子育ては育ちあい

子育ては、どうしてこんなに戸惑うことが多くて、大変なのでしょうか？　初めてのことばかりですし、人間相手ですから、失敗は許されないという気持ちもあるからかもしれません。「がんばらなくちゃ、しっかりやらなくちゃ」と思えば思うほど、不安になったり、うまくできないと落ちこんでしまいます。

でも「初めてなのだからうまくできなくても仕方がない。完璧に子育てできる人なんていない」、そう思えたら少しは楽になりませんか？　子育ては今まで経験していないことばかりです。

以前は、おじいちゃんおばあちゃんや親戚の人たち、近所の人たちが子育てを助けてくれていました。でも今は孤独に子育てをしているお父さん、お母さんが大勢います。昔と違い、テレビ、雑誌、インターネットなどでたくさんの情報を得られますが、困ったことに人によってアドバイスが違ったりするので、かえって迷ってしまうこともあります。昔より、この時代の子育てのほうが大変なのかもしれません。

「子育ては親育て」とも言います。子育ては「子どもを育てる」ことですが、本当は「親と子どもがお互いを育てあっていく」のです。子どもがいろいろなことを体験し、学習し、成長していくのを通して、親も親として成長していけばいいのですから、焦る必要はありません。

子どもはとても正直で、親の気持ちに素直に反応します。親がイライラする→子どもも親の癇《かん》にさわるようなことをする→親はますますイライラするという悪循環が起きやすくなります。でも、親が「まぁ、いいか。なんとかなるさ」とゆったり構えていると、子どもものびのびとして笑顔が多く見られるようになります。

　ですから、肩の力を抜いて、少しゆっくり子育てしませんか？　わからなかったら、誰かに聞いてみてください。助けが必要だったら、誰かに頼ってみてください。あまりがんばらなくても、完璧な親でなくても大丈夫。子どもはちゃんと育ちますよ。

子どもの道理

こんな子どもを想像してみてください。いつも笑顔で礼儀正しく、危ないこと、してはいけないと言われたことは絶対にしないし、言われたことには素直に従う。「我慢しなさい」と言われればじっと我慢し、「待っていて」と言われればきちんと待っている。理想的な子どもかもしれませんが、どこか変だと思いませんか？

子どもはこのような「小さなオトナ」ではありません。泣いたり、怒ったり、駄々をこねて、我慢できずにちょろちょろ動くものです。私たちは誰もがかつて一度は子どもでしたし、「どうしておとなはわかってくれないのだろう?」と思ったこともあるはずです。でもおとなになると子どもだったときのことを忘れてしまい、ついつい子どもにおとなの理屈や言い分を押しつけてしまいがちです。

でも子どもは子どもの世界に生きていますから、おとなの理屈や言い分がわからなくて当然です。例えば、靴の左右を間違えて履いた子どもに、お母さんが「履き直そう」と言ったとたん、子どもは泣き出し、頑として履き直そうとしないということがあります。「歩きにくいから履き直そうと言っているだけで、泣くほどのことじゃないのに」と思いますが、子どもにしてみると「一人で靴を履いたからほめてもらいたかったのに、それを否定された。お母さんは自分のことをわかってくれない」と泣き、履き直すことを拒んでいるのです。

ですから「一人で履けてえらいね!　こっちとこっちを逆にしたほうが足が痛くないよ」と履き直すことを促し、それでも嫌がったら「じゃあ、歩きにくかったら教えてね」とそのままにしておくことも必要なのです。

このように、子どもの世界は子どもの目線からでなければ見えないことがたくさんあります。おとなが子どもの見方や立場を理解した上で接すると、子どもの反応も変わってきます。お父さん、お母さん、そして周りのおとなの人たちみんなが子どもの言い分を心に留めて、子どもを大切にする社会にしていきませんか？

愛情の誤解

　親の愛が必ず子どもに伝わるとは限りません。というのは、親の愛情表現と、子どもが愛されていると感じられる方法に差があるからです。例えば、親が愛情から叱ったとしても、子どもは「自分のことが嫌いなのだ」と受け止めてしまうことはよくあります。

　マイナスの記憶はプラスの記憶よりも残りやすいことも一因です。親も人間ですから、気分によって態度が変わったり、つい子どもにつらく当たってしまうこともあります。子どもの記憶のなかでは、そういうことのほうが印象に残ってしまいやすいのです。

また、親にそんなつもりがなくても、子どもは「いい子でなければ認めてもらえない」と感じていたり、「お兄ちゃんは愛されていたけど、私はダメな子だったから認めてもらえなかった」などと言うこともあります。これを子どもの受け取り方がゆがんでいる、と責めることはできません。子どもが愛されていると感じられるかどうかは、おとなの側の責任なのです。ですから何百回、何千回でも「あなたは私の大切な宝物だよ。そのままのあなたが大好きだよ。あなたを信じているよ」と言葉に出して伝えてほしいと思います。言わなくてもわかる、と思わないでください。

それは親に限りません。例えば、親からひどい虐待を受けた子でも、自分を愛し、自分の可能性を信じて認めて、自分の味方でいてくれるおとなが一人いれば、時間はかかっても心の傷は癒やされていきます。ですからおとなは親だけでなく、多くの人に支えられて成長します。ですからおとなは誰でも、自分の子どもや孫だけでなく、周りにいる子どもすべてに対して、その成長に責任を負っていると考えていただきたいのです。そして周りの子どもたちに、言葉と態度で「あなたのことを大切に思って、見守っているよ」ということを伝えてください。子どもにとっては、自分が愛されていると感じて育つことが何よりも必要なことなのです。

ほめることの難しさ

子どもはほめて育てることが大切だとよく言われます。しかし、ほめることは案外難しいものです。

あるお母さんは子どもをほめて育てようと、いつも「よくできたね、すごいね」「また百点! さすが!」と言ってきました。ところがある日子ども部屋を掃除していると、五十点、六十点のテストが何枚か、机の奥から見つかりました。子どもに「このテストは何? なぜ隠したの?」と聞くと、その子は泣きそうになって「点数が悪かったから、怒られると思って……」と答えました。その子は「良い点ならほめてもらえるけど、悪い点だったらお母さんに嫌われる」と思っていたのでした。

ここからもわかるように、子どもが「したこと」をほめるだけでは十分ではありません。「百点取ってすごいね！　でも点数に関係なく、あなたのことが大好きだよ」「どんな結果でも、あなたが私の大切な子どもであることには変わりないよ」と、子どもの「存在そのもの」をほめることが必要です。英語では、人をほめるときによく"I'm proud of you！"と言います。「私はあなたを誇りに思っています」と直訳して使うのは気恥ずかしいですが、そのような気持ちをこめてほめることが大切です。

もう一つ重要なのは、ほめるタイミングです。子どもは「今この時」を生きていますから、子どもがほめてもらいたいと思った瞬間を逃すと、ほめることの効力が薄れてしまいます。機会があるごとに、後回しにせず、すぐにほめることです。

ほめられて育った子どもは、自分に自信を持ち、人に対しても優しくなれます。ですから、周りのおとなの責任は重大です。ほめられることが嫌いな子どもはいません。ほめるのはどんな小さなことでもいいのです。「カッコいい靴だね」「今日のお洋服、お姉さんっぽく見えるよ」、そんなことでも、周りの人が「あなたのことに関心を持っているよ」という意味をこめてひと声かけるだけで、その子にとっては大きな違いが生み出されていきます。

言葉に気をつける

生まれたときから活発な子、のんびり屋さんなど、いろいろな性格の子どもがいます。と同時に、子どもの特性にも、環境や周りの人の言葉によって作られていく部分があります。「お前はバカだ、マヌケだ」と言われて育った子は、自分はバカだと思いこみ、そのようにふるまってしまいます。「あなたは運動オンチだから……」と言われていたら、子どももそう認識してしまいます。本当は、走るのは苦手でも、球技は得意かもしれません。でも運動が苦手だと思いこんでしまったら、その子はもういろいろなスポーツをやってみようとは思わないでしょう。おとなの言葉で子どもの可能性が狭《せば》められてしまうのです。

ですから、意識して肯定的な言葉を使ってみてください。「頑固」ではなくて「意志が強い」、「のろい」ではなくて「時間をかけてじっくり取り組む」などと言い換えるだけでも、子どもの自己イメージは変わり、自信につながります。肯定的な言葉を使えば、親自身の子どもに対する見方も変わりますし、心の余裕も出てきます。

また、子どものやる気を引き出す言葉を使ってみてください。ある体操教室でのこと。コーチが「後転を練習します」と言ったとき、子どもたちは口々に「無理」「できない」と言い出しました。するとコーチは「最初からうまくできないのは当たり前。だから練習するんだし、できたときはうれしいんだよ。だから、『できない』じゃなくて『やってみよう』って言おうね！」と言いました。それを聞いた子どもたちは、がんばって後転に挑戦していました。もしコーチがそのときに「やる前から『できない』

なんて言わない！」と叱っていたら、子どもたちはやる気になったでしょうか？

〝子どもはおとなの言葉によって変わる〟ということを私たちが自覚するだけでも違います。子どもたちが自分を大事にし、自信を持っていろいろなことにチャレンジしていけるような言葉を使っていきたいですね。

ほどよい距離

過保護と放任、どちらも良い結果をもたらしません。親が子どもの問題をすべて解決してしまったら、子どもはいつまでたっても自分で問題解決する力を身につけられません。親がまったく干渉せず、子どもに任せきりにしていたら、子どもは守られているという安心感を持てず、物事をうまく処理していくことができなくなります。

親という漢字が「木」の上に「立」って「見」ると書くように、ほどよい距離が大切です。それがどの程度かは、子どもの年齢や状況によっても違うでしょう。しかし一般的に言えば、おとなが思っているよりももう少し遠くでいいことが多いのです。私たちは、ついつい手も口も出してしまい、子どもに任せなくてはと思いつつも、いろいろやってしまいがちです。

子どもが怪我しないように、危険な目にあわないようにと、安全な道を選んであげることは大切です。しかし、親がその子の行く先々に待ち構えている障害物をすべて取り除くことはできません。どんなに注意していても、子どもは転ぶこともありますし、予期せぬ出来事で傷つくこともあります。ですから、大切なのは道を選んであげることより、子どもがどの道を進んだとしても、自分で歩める力、倒れても一人で立ち上がれる力をつけさせてあげることです。

それには「もう少し必要かな？」と思うくらいで、手出し口出しをやめることです。子どもは試行錯誤しながら、問題解決の力を身につけていきます。間違えても、失敗してもいい――そこから学ぶことができます。

もう一つは親が先回りしないで、子どもが、自分のしてほしいことをきちんと相手に伝える力を身につけられるようにすることが大事です。子どもが「暑い」と言えば冷たい飲み物を出す、「寒い」と言えば上着をサッと着せる。そうではなくて、「暑いから何か飲み物ちょうだい」「寒いから何か着たい」などのように、自分の言葉で言えるようにしてあげることです。

子どもとの「ほどよい距離」を見つけてみてください。

子どもを叱る前に

子育てのなかで、誰もが悩むのは叱り方。でも子どもを叱る前にちょっと考えてほしいことがあります。子どもの行動には理由があり、成長する上で必要なこともあるということです。

例えば、二、三歳頃の「イヤ、イヤ」攻撃や「自分で」大魔王。親からすると「言うことを聞かない。わがまま、自分勝手」に見えますが、これは子どもが自己主張することを覚え、自分の考えを持つことができるようになったという成長の証しです。「こだわりが強くて、我慢ができない」ように見えるのは、成長の一通過点かもしれません。我慢できるようになるのは四歳頃からですから、二、三歳の子どもがほかの子におもちゃを貸してあげられないのは当たり前です。ですから、おとなの視点から叱る前に、子どもの視点から考えることも大切です。

子どもの行動には何かしらの理由があり、それによって叱り方が変わってきます。例えば、手が滑ってコップを割ってしまったときと、わざと床に叩きつけて割った場合では叱り方が違うでしょう。同様に、友だちを殴ってしまったら、なぜ殴ったのかという理由を聞くことが大切です。もしかしたら、相手に嫌がらせをされていたかもしれませんし、ほかのことでイライラしていて相手の一言にカチンときたのかもしれません。嘘をつくのにも、「怒られると思った」「友だちをかばった」「本当のことが言い出せなかった」など、理由があるはずです。

もちろん殴ってよい、嘘をついてよいということではありません。理由を聞くことと、子どもの言い分を正しいと認めることは違います。ただ悪い行動を戒めるだけではなく、理由を聞いて、「そうする以外に方法はなかったのか。このことの後始末はどうしたらいいか。もしまた同じような状況になったときにはどうしたらいいか」ということを一緒に考えるほうが効果的です。これは子どもの年齢が上がってくるほど大切で、特に思春期の子どもに対しては、絶対に必要なことと言ってもよいでしょう。

叱り方のコツ

子どもの効果的な叱り方とは、どんな方法でしょうか。それは「冷静に、自分の責任で、一度に一つのことを」です。

感情的になると、余計なことまで言ってしまいがちです。ですから、少し冷静になって、自分が本当に子どもに伝えたいこと、「何を、なぜしてはいけないのか」を、具体的に短い言葉で伝えてみてください。くどくど説明しても子どもには伝わりません。「自分の責任で」とは「あとでお父さんに叱ってもらうからね」とか「お母さんが怒るから」「周りの人が見ているからやめなさい」などと他人の責任にしないことです。自分が本気で叱っていることを伝えます。そして、「一度に一つのことを」「ほかのことは持ち出さない」が原則です。叱っているうちに、次々と違うことや昔のことを持ち出してお説教が長くなるほど、子どもは何を叱られているのかわからなくなり、話を聞かなくなります。

つまり、子どもに「なぜ今自分が叱られているのか」を理解させることが、上手な叱り方のコツです。もちろん子どもが話を聞ける状態であることも大事ですから、もしかんしゃくを起こしていたら、まず落ち着かせてから話をするほうがよいでしょう。

「叩く」のは、親が思うほど効果的ではありません。「叩かれた」ことで、恐怖や不安感、怒りのほうが子どもの心に強く残ってしまい、叱られた理由が伝わらないことのほうが多いのです。また、感情的に手をあげてしまうと、子どもは「自分のことが嫌いだから怒るんだ！」と思ってしまいがちです。「子どもは叩かなければわからない」というのは間違いです。

叱った後は「この話はおしまい」と気持ちを切り替えましょう。それが子どもの「ゆるしてもらえた」という安心感になります。そしていちばん大切なのは、「あなたのことが大好きで、大切だから叱るんだよ」と伝えることです。叱り方に原則はありますが、正解はありません。でも子どもに「自分が大切だから叱られる」「間違ってもゆるしてもらえる」ことが伝わっていれば、きっと大丈夫です。

親バカのすすめ

人に「明るくて活発なお子さんですね！」とほめられても、「いいえいいえ、やんちゃで困っているんです」などと答えてしまいませんか？　それが「謙遜で良い親」だと思われていますよね。もし「ええ、本当に良い子なんですよ！」なんて答えたら、「親バカだ！」と思われてしまいそうです。このように、「親バカ」は否定的な意味で使われることが多いのですが、本当は「親バカ」は良いことです。

子どもは、自分をあたたかい目で見守り、認めてくれる人の存在によって初めて「自分は価値ある存在なのだ」と感じることができます。そしてこの経験が、その子の人生の基盤となります。存在を認めるとは、「あなたが生まれてきてくれて本当にうれしいよ!」、そして「あなたのことを信じているよ」というメッセージを子どもに伝えることです。言葉だけでなく、手紙を書いたり、ぎゅっと抱きしめたり、いろんな方法があります。もし人がわが子をほめてくれたら、ぜひ「そう言ってくださってありがとうございます」などと答えてみてください。子どもは親の答えをちゃんと聞いています。親バカでいいのです。ただし、ほかの子と比較したり、見下してわが子を自慢するのは「ダメな親バカ」です。「うちの子も一番、ほかの子も一番」と、どの子もたくさんほめて、認めてあげられるのが「良い親バカ」です。

日本の文化では、とかく「ほめる=甘やかす・チヤホヤする⇩わがままに育つ」というふうに考えられがちですが、それは違います。子どものいちばん身近にいて、いつでも無条件にそのまま包みこんであげられるのは、両親です。そして親や身近にいるおとなからきちんとほめられて、自分の存在価値を認められて育った子どもは、それだけでわがままになるようなことはありません。相手を尊重する、他人の存在価値を認めることの大切さを、おとなの態度からちゃんと教わっているからです。

私たちの宝物である子どもたち一人ひとりに、「あなたは大切な存在だよ」と伝えてあげたいですね。

誰かに助けてもらおう

「子どもを愛しているなら、育児がつらいなんて思わないはずだ」「親なのだから、我慢すべきだ」、そんなことを言われて傷ついたり、自分で自分を責めたりする方がなんと多いことでしょう。

しかし、子どもへの愛情があれば育児のストレスがない、なんてことはありません。子育ては大変だし、思いどおりにいかないことも多い。何か問題が起きれば、自分のやり方が間違っているのではないかと不安になる。そんなときに「子育てなんてもうイヤだ！」「子どもがいなければいいのに」と思ってしまうのは、親失格ではないし、子どもへの愛情が不足しているのでもありません。

子育てをしている人の多くは、自分のイライラを子どもにぶつけてしまったり、思わず子どもに対して手をあげてしまったりしたことがあると思います。子育てがつらくて、子どもがかわいいと思えないときだってあります。子どもへの愛情があっても、「我慢できない、逃げ出したい、この子がいなかったらどんなに楽だろう」と考えたりすることだってあります。でもそれは、親としての自信をちょっと失っているだけなのです。

児童虐待は、決して「特別な家庭」で起きるのではありません。どんな人でも、気持ちが追い詰められて、孤立して、自分を責め、子どもを責めていけば、子どもを虐待してしまう可能性はあるのです。ですから、パートナーや周りの人たちの責任は重大です。子育てをしている人が孤立してしまわないように、そして子育てに対する自信を取り戻すことができるように、心を配っていただきたいのです。

子育ては、ひとりではできません。誰かに助けてもらうのは恥ずかしいことではありませんし、親だからといって我慢しなくてはいけない理由もありません。理想の親像からはほど遠くても焦らず自分を責めず、「この子を育てるのは自分しかいない、だからできることを一つずつやっていこう」、そう考えてほしいと思います。親の笑顔は子どもの元気の素なのですから。

子育てを楽しむ

ある統計で、外で働いていない親は仕事をしている親よりも育児のストレスを強く感じているという結果が出ていました。それは働いている人のほうが、親としてではない「私」でいる時間を持てるからでしょう。子育ては二四時間年中無休です。でも本当は誰にでも、自分の時間や自分でいられる場所が必要です。もし気持ちが息詰まってきたら、ちょっと育児をお休みしてしまいましょう。誰かに子どもを預けて、趣味に熱中したり、気晴らしやお昼寝するのもＯＫ！　子どもとちょっと離れて気持ちに余裕ができたら、また子育てを楽しむこともできます。子育てはひとりではできませんし、しなくてもいいのです。必要なときに、ちゃんと誰かの助けを借りることができるのが「いい親」なのです。

こんなときこそ、パートナーや周りのおとなの出番です！「ひとりでがんばらなくていいよ」、そう言ってあげてください。三〇分でも一時間でもいいから子どもを引き受けて、息抜きの時間を作ってあげてください。ぜひ「無理しないでね。何かできることがあったら言ってね」と声をかけてあげてください。

それからパートナーとの時間も大切です。仕事や育児で忙しくてなかなか時間が取れないかもしれませんが、短くてもいいですから、お互いのことを話したり、一緒に楽しむ時間を持っていただきたいなと思います。たまにはデートをするのもいいですね！　子育ては共同作業です。無理せず、楽しく子育てするためには、お互いを支え合って、気持ちよくいられることが大事です。「いつもありがとう」と言ってもらうだけでも違います。

ぜひ感謝の言葉をかけ合ってください。

　今の大変な時期が永遠に続くような気がしても、子どもはいつの間にか大きくなっていきます。親が子どもと一緒にいられる時間、あるいは子どもにしてあげられることにも、限りがあります。だからこそ、子育てを通してしか経験できないことを、楽しんでいきましょう！

〝ちょっと困った行動をする子〟との関わり

──CSで出会う子どもたち

CSで出会う子どもたち

CSが始まる一〇分前、子どもたちがやってきます。まずやってきたのは三年生のマサ君。部屋に入ると、真っ先に本棚から昆虫の本を取り出します。次に来たのは六年生のミキちゃんと幼稚科の妹マリちゃん。ミキちゃんはマリちゃんを小さな椅子に座らせてあげたあと、その後ろの席に座ります。

「おっはー」と元気よく入ってきたのは、二年生のトモ君と四年生のリヨウ君きょうだい。このふたりが来ると途端ににぎやかになります。お母さんと来たのは二年生のユキちゃん。ちょっと遅れてそのお兄ちゃんのヨシト君、六年生が入ってきます。ユキちゃんは先生のところに駆け寄り、「朝ね、お兄ちゃん、お母さんに怒られたんだよ」と言います。それを聞いたヨシト君は「うるさいな！　黙ってろよ」とユキちゃんをにらみつけます。

「さぁさぁ、みんな席について。礼拝を始めますよ」。アユミ先生の呼びかけで、ＣＳの始まりです。

ＣＳはchurch《チャーチ》 school《スクール》の略で、毎週教会でもたれている子どもたちのための時間です。「教会学校」とも呼ばれますが、一般社会の「学校」とはかなり違います。普通の学校には学年やクラスがあり、基本的には同じ年の子どもたちが一緒に勉強をしたり遊んだりします。ＣＳにも分級（年代別に分かれて学び、工作や遊びなどをする時間）はありますが、いろいろな年齢の子たちが一緒に時間を過ごします。

さらに、クリスチャンホームだったり、そうではなかったりと、家庭環境もさまざまです。また、突然まったく初めての子どもが来るなど、予想できないことも起こります。校則やカリキュラムがなく、先生たちの裁量に任されている部分が大きいというのも特徴の一つでしょう。

CSは、子どもたちに神さまのことを伝え、聖書の教えに基づいた信仰を育てるところです。でもそれだけではありません。子どもたちはCSでほかの人と関わることや、コミュニケーションの方法を学びます。CSは子どもたちの成長を支え、見守る場でもあるのです。

子どもと関わることの面白さの一つは、子どもたちの変わっていく様を見るのができることです。私たちおとなは一年前と比べてどのくらい成長しているでしょうか。おそらくあまり変わっていないというのが実感ではないかと思います。しかし子どもたちは同じ一年で驚くほど変わります。背がぐっと伸びたり、顔つきがりりしくなったりする子もいます。あるいは、この前までケンカばかりしていた子が下の子たちの面倒を見るようになったり、ものを譲ってあげられるようになったりもします。ＣＳはそういった子どもたちの成長を身近に感じられる、とても素晴らしい働きです。

「困った子」ではなく「困った行動をする子」

ところで、ＣＳの先生のほとんどは、自分の時間を無償で割いて活動されています。なぜＣＳの先生をされているのか、それにはいろいろな理由があると思いますが、おそらく皆さんに共通しているのは「子どもが好き」ということではないでしょうか。ＣＳで子どもと関わるのが「楽しい！」「素晴らしい！」「感謝！」「祝福！」と思えることはとても幸せだと思います。

その一方で、「楽しいと思うけど、子どもにどう接していいのかわからない……」「自分のやっていることは間違っていないだろうか」などと考えてしまう先生たちも大勢いらっしゃると思います。なかには、特定の子に対して「本当はこの子を大切にして受け入れたいのに、どうして自分は受け入れてあげられないのだろうか」とご自身を責めてしまう先生もいらっしゃるかもしれません。

実際、対応が難しい子どもたちはいます。ここでは、そのような子どもたちを取り上げて、どう対応していけばよいのかを一緒に考えていきたいと思っています。このことを取り上げる上で、まずは大切な原則をお伝えします。それは「困った子」ではなく「困った行動をする子」として考えるということです。私たちはつい、「○○君はどうしてあんなことをするのかしら。困った子よね」と思ってしまいがちです。

しかし、「困った行動」はその子のすべてではありません。「困った行動」を除けば、その子はかわいい、面白い、素敵な子どもです。そしてその「困った行動」には何らかの理由があるのです。その理由がわからないとき、私たちは「困った子」と思いがちですが、その理由がわかると、行動とその子自身を切り離してみられるようになります。

ＣＳでできること、ＣＳだからできること

先ほど書いたように、ＣＳはいわゆる「学校」とは異なります。ＣＳの先生たちのほとんどが教育を学んだわけではありませんし、教員免許を持っているわけでもありません。先生という意味では素人です。しかもほとんどの場合、週に一回、一、二時間しか関われないという時間的制約もあります。ですから普通の学校のように毎日朝から午後までその子に関わり、さまざまな場面でその子の成長を促すということは難しいでしょう。

また、子どもたちの保護者が教会員である場合は、自分自身と保護者と

の関係性もあるので、対応が一層難しいということもあるでしょう。子どもの対応に困っていてもそのことを保護者には言いづらいとか、先生としての専門家ではないため言ってもなかなか受け入れてもらえないなど、ＣＳであるがゆえの難しさがあるかもしれません。

その一方で、ＣＳにしかない長所があります。それは、その子を教育しなくてもよいということです。もちろんみことばを教え、祈ることを教え、その子の信仰が育つようにと教え導きます。しかし、これをできるようにしなければならない、ここまで到達させなければならないという基準はありません。その子のペースの成長を見守り、育てていけばいいのです。

そのために大切なのは、ＣＳがその子にとって居心地のいい場所であることです。例えば学校でも家でもいつも怒られている子が、ＣＳでは先生たちに「よく来たね！」と迎え入れてもらえたら、どれだけ救われることでしょう。ＣＳではありのままの自分でいいんだ、怒られてばかりの自分だけど、そんな自分をCSの先生たちは大事にしてくれるし、神さまも愛してくださっているんだと感じることができたら、それはその子に少しずつですが大きな変化をもたらすに違いありません。

困った行動をする子への対応が難しいのは、おそらくその子に何が起きているのか、どうしてそのような行動をしてしまうのかがわからないからです。その子の困った行動はすぐにはなくならないかもしれませんが、その行動の理由を知ることができれば、先生たちの負担も少し減るのではないでしょうか。

CSが子どもたちにとって、「受け入れられている」と感じられる場であるためには、先生たちにとっても居心地のよい場所であることがとても大切です。その手助けとなれるよう、困った行動をする子どもたちの背景にあるさまざまなことがらを一緒に考えていきましょう。

落ち着かない子――シン君の場合

シン君は小学三年生。ＣＳの時間中、なかなか落ち着いて座っていることができません。最初はちゃんと席に座って賛美歌も元気よく歌います。でも、先生が聖書のお話を始めるとだんだんと落ち着きがなくなってきます。

「さぁみんな、今日はダビデさんのお話です。ダビデさんは小さい男の子でした」「オレみたいに？」「そうね、シン君よりはちょっとお兄さんだったかな」「じゃあ、ケイタ兄ちゃんくらい？」「そうね」「オレね、ケイタ兄ちゃんくらい大きくなったら、新しい自転車買ってもらうんだ！　青のかっこいいやつ」「そう、よかったね。で、ダビデさんは羊を守るお仕事をしていたの」「でねでね、それで野球チームのグラウンドまで自転車で行くんだ！　オレ、絶対ピッチャーになって、三振をバンバンとって……」「シン君、今先生がお話し中だからね。シン君のお話はあとで聞くから」「はぁい……」

　シン君はしばらく黙って聞いていましたが、そのうち椅子を左右にガタガタ揺らし始めます。「シン君、ちゃんと座って！」と先生が言ってもやめません。そのうち、前に座っているミイちゃんの椅子の背中に足をかけ、自分の椅子の前脚を浮かせます。ミイちゃんが「シン君、やめて！」と言いますがやめません。先生が「シン君、ひっくり返るよ、危ないでしょ！」と言っても「平気だもーん」とやめようとしません。「ミイちゃんが嫌がっているでしょ。やめなさい！」と言うと、シン君は席から立ちあがり窓のところに行きます。「シン君、戻ってらっしゃい！」「だってつまんないんだもん！」
毎週こんなことのくり返しです。

動いていないと落ち着かない

皆さんのＣＳにもシン君のような子はいますか。例えば、すぐに話し出して関係のないことをしゃべり続けてしまう子。じっと座っていられない子。静かにしてほしいときに騒いでしまう子。ゲームのルールを無視して自分勝手に遊んでしまう子。こちらの邪魔ばかりしているように思える子。あるいは、やりかけでもすぐにほったらかしてしまう子。普段はすぐに飽きてやめてしまうのに、自分が好きなことだと「終わりだよ」と言っても夢中になってやめようとしない子。ＣＳだとわかりにくいかもしれませんが、よくものを失くしたり、忘れ物が多かったりする子。

この子たちは「落ち着きがない子」「注意力が足りない子」と言われていることが多いでしょう。おそらく学校でもこのような困った行動が見られていると思います。その子の保護者は学校の先生からそのことを指摘されているかもしれませんし、保護者自身も育てにくい子どもだと感じているかもしれません。

この子たちは、先生の言っていることがわからないわけではありません。静かにしなければならないこともわかっているし、席に座っておとなしくすべきだということも、忘れ物をしてはいけないこともわかっています。でもそれを守るのが難しいのです。

彼らのなかでは何が起きているのでしょうか？　彼らはわざと落ち着かない行動をしているのではなく、動いていないと落ち着かないのです。無意識に体が動いてしまっているのだと言ってもよいでしょう。また、自分の気持ちや○○をしたいという欲求をコントロールすることがそもそも難しいのです。だから所かまわず話したいと思ったら話してしまいます。

これは決して育て方やしつけが悪いからではありません。しかし、周りのおとなは「ほかの子はできるのに、なぜこの子は静かにできないんだろう。どうして自分の席に座っていられないんだろう」と思ってしまいます。「自分の育て方が悪かったのだろうか」と自分を責めてしまう親も少なくありません。ＣＳの先生たちのなかにもご自分の接し方が悪いのかと悩んでいる方もいらっしゃるかもしれません。

出番を作ってみよう

このような困った行動は、本人の意思と関係なく出てきてしまうものです。ですから、叱っても、力づくで押さえつけても直すことはできません。彼らは、自分ではどうしようもない、直したいと思っても直せない行動なのに、親や学校の先生たちからいつも怒られて、「なんでできないの？」と言われ続けます。また、こういう落ち着きのなさから学校の勉強が遅れたり、ほかの子から疎まれたりすることもあります。その結果、自分のことを「がんばっても自分はダメだ」と思ってしまいやすくなります。

ではそうしたシン君のような子どもたちがＣＳで居心地よくいられるようにするにはどうしたらよいでしょう？

例えば、最初に聖書のお話の時間を持ってくることはどうでしょうか。聖書のお話も一〇分くらいがよいと思います。落ち着いて聞いていられる間に「お話を聞く時間」を設け、そのあとは体を動かすような元気な賛美を歌ったり、ゲームや工作などのアクティビティを取り入れたりするとよいかもしれません。礼拝の後に一対一でその子の話を聞く時間を作ってもよいでしょう。一定時間タイマーをかけて、その間は好きにお話ししてよい時間とし、そのあとはみんなと一緒に行動する時間にするなどの工夫もできると思います。

あるいは、こういう子どもたちの出番を作ってみてください。例えば、聖書のお話をするときに教材を持ってもらう、献金の袋を持って回ってもらう、みんなに出席カードを配るなどの出番です。じっとしていることが苦手なのであれば、動いてもいい役目を与えてあげるとよいと思います。そしてその役目を果たすことができたら、「ありがとう！　助かったよ」と伝えてあげてください。こうすることで「じっとしていないと怒られる」と思うことが減り、「先生の役に立っている」と感じることができます。

「落ち着かない行動」が出てきたら、一度立ち歩かせてもよいかもしれません。CSの部屋のなかだとほかの子も落ち着かなくなってしまうかもしれませんので、一緒に教会のなかを一周するとか、何かその部屋を出るような用事を作ってお願いするなどでもよいと思います。じっと座って聖書の話を聞くことはもちろん大切ですが、それができない子どもにとってはつらいだけの時間になってしまいます。それよりは、ＣＳに行くと楽しいと思ってもらえることのほうが大切です。

また、このような子たちは決して話を聞いていないわけではありません。落ち着かない行動をしながらも、案外先生たちの話は聞いています。ですから、どうせこの子は聞いていないだろうなどと思わずに、聖書の話をし続けることも大切です。年齢が上がるにつれて「落ち着かない行動」が減っていくことも多いので、それを待ってあげられるといいですね。

「落ち着かない行動」をしてしまう子どもたちにとって、ＣＳが「ここでも怒られる」ではなく「ここでは自分のことを認めてもらえる」と感じられる場所になってほしいと思います。

とっても甘えん坊――マキちゃんの場合

マキちゃんは小学五年生。でもとっても甘えん坊さん。ＣＳの部屋にやってくると、真っ先に大好きなトモエ先生のところに来ます。

トモエ先生が年中さんのサナちゃんを膝に乗せていると「マキも！」と言って膝に乗ろうとします。トモエ先生が「マキちゃんはもう大きいから二人はお膝に乗れないよ」と言うと、後ろから「じゃあ、おんぶして！」と言って抱きつきます。「マキちゃん、ＣＳが始まるからちゃんとお席に座って」と言っても、「サナちゃんばっかりずるい！」と言ってなかなかトモエ先生から離れようとしません。サナちゃんが一人で席に座るとようやくマキちゃんも座りましたが、椅子をトモエ先生の横にピッタリとくっつけます。

礼拝の時間が終わると、分級が始まりました。しかしマキちゃんは小学科高学年のところには行かないで、トモエ先生の担当する幼稚科さんのところに行ってしまいます。高学年を担当するミサコ先生が「マキちゃんはこっちよ」と言いにきましたが、マキちゃんは「なんで？　マキはトモエ先生がいいの！」と言ってなかなか離れようとしません。ミサコ先生に連れられてようやく移動しましたが、今日は工作をしようと言っても、「無理！　できない！　ミサコ先生やって！」とへそを曲げたままです。

ＣＳの終わりの時間になると、大学生のキヨ君が弟のマサ君をお迎えにきます。するとマキちゃんは「キヨく～ん」と言ってキヨ君に抱きつきます。ミサコ先生が「マキちゃん、キヨ君が困っているよ」と言っても「いいの！　マキはキヨ君が好きなの！」と言って離れようとしません。

これってただの甘えん坊？

マキちゃんの行動はただ甘えているだけなのでしょうか。甘えるという行為には「大好き」「一緒にいたい」「怖い」「不安」「さみしい」「つまらない」「自分を見てほしい」など、いろいろな意味が含まれています。そして、心が落ち着かないときに、自分が安心できる場所で安心できる人に甘えていたいと思うのもごく自然なことです。特に子どもには、怖いときや不安なときに「外の世界」から戻れる「安全基地」が必要です。そうやって「安全基地」に戻って、信頼できる人に慰めてもらったり、大丈夫だよと励ましてもらったりすることで、「自分は大丈夫」と思えて、また「外の世界」に出ていくことができるようになります。

ただ、年齢が上がっていくにつれて、だんだんとおとなに甘えるのが恥ずかしいと思うようになっていきます。外では知らんぷりをするのに、家ではお母さんの膝に乗ってくるというような高学年の子どももいますが、人前であるいは他人に甘えるというのは、減っていきます。

しかし、ＣＳのような自分の家ではない場所で抱っこやおんぶをしてと言ってきたり、他人に腕組みや肩組みをしてくるなど、やたらとスキンシップを求めてくる場合はちょっと気をつけたほうがよいかもしれません。そのような子どもは安心できる「安全基地」がなく、困っているのかもしれないからです。

そのほかにも、なれなれしい、まとわりついてくると思うような行動、ほかの子を排除して誰かを独占しようとするような行動、初対面の人にでも平気で甘える、なかなか帰ろうとしない、人の物を隠して困らせる、嘘をつくなどの行動もそういった子どもからのサインです。

「ここまで」を決めてみよう

ＣＳでこのような行動が出ているということは、良くとらえればその子にとってＣＳが安心できる場所であるということです。その子にとって、ここならば甘えても大丈夫、この人なら自分のことを受け止めてくれると思えているからこそそのようなことをするのです。

しかし、これまで甘えてこられなかった分、受け止めてくれる人に対する要求はエスカレートしがちです。またＣＳに来ているほかの子どもたちへの影響も気になると思います。ですから、甘えていい場所、時間、程度など、「ここまではいいよ」というルールをきちんと定めてあげることが必要です。

例えば、手をつなぐのはＯＫだけどだっこやおんぶはダメ、礼拝が始まるまではＯＫだけど礼拝が始まったらダメ、この人はＯＫだけどほかの人はダメ、などです。また、それらはその子だけの特別ルールではなくCS全体のルールとし、どの先生もCSのなかでは同じ対応をとるようにしたほうがよいでしょう。そしてダメなことをしたときには、きっぱりと「それはダメ」と伝えましょう。子どもの行動にルールを作ってあげることが子どもを守り、子どもの成長を助けることになります。

　そのうえで、スキンシップをとってもよいようなアクティビティを取り入れることもよいでしょう。じゃんけん列車やおしくらまんじゅう、おんぶでリレーなど、身体的な接触があってもいいという時間を作ります。また、子どもからスキンシップをとってくる前に、先生からハイタッチをしたり、握手をしたりすることもいいでしょう。あいさつがわりや、いいことがあったときにするハイタッチや握手は、一般的にも受け入れられる適切なスキンシップですから、過度な甘えの行動を減らすことが期待できます。

また、スキンシップ以外の方法で本人に注目してあげることも有効です。抱きついてくるなどの甘え行動は、その人と関わりたいという思いから間違って学習してしまったコミュニケーション方法です。ですから、「今日もＣＳで会えてうれしいよ」と声をかける、顔を見て話しかける、その子の話を聞く時間を設ける、望ましい行動をしたときやよくできたことなどはどんどんほめるなど、違う方法でコミュニケーションをとることでその子に関わってあげるとその子の満足度も上がります。

例えば、お手伝いをお願いして、ちゃんとやってくれたら「助かった、ありがとう」と伝えるとよいと思います。これもその子だけに特別に行うのではなく、ＣＳのどの子に対しても行えるとよいでしょう。こういった子どもはよく「私のこと好き？」と言うことがありますが、それに対しては「もちろん大好きだよ。〇〇ちゃんも××ちゃんもみんな大好き」と答えるようにします。

最後に、このような行動をする子どもの背景について、少しだけ書き足します。このような行き過ぎた甘え行動の背景には、これまで保護者と十分にスキンシップを取れずにきた、または無条件に甘えることができなかった、あるいは場合によっては虐待（ネグレクト）の可能性もあるかもしれません。

しかし、保護者を責めたり、もっと子どもと関わってあげてくださいなどと言ったりすることは、あまり問題解決の役には立ちません。むしろ、保護者自身も何らかの問題を抱えていたり、支援を必要としていたりする場合もあります。ＣＳが保護者に対してできることには限界がありますが、責めることなく見守るというスタンスを保ち、もしも保護者から相談があったときには「一緒に考えましょう」と受け止めてもらいたいと思います。

ふざけてしまう子――タカシ君の場合

タカシ君は小学四年生。日曜日の朝から元気いっぱいでＣＳにやってきます。元気なのはよいのですが、いたずら好きで先生たちも少し困っています。

ヨウコ先生の聖書のお話が始まると、前に座っているマサオ先生のパーカーのフードに、手に持っていた出席カードを入れてみます。隣のショウ君に、「見て！　マサオ先生気づかない」と目で合図すると、ショウ君もクスクスと笑い出します。調子に乗ったタカシ君は、ショウ君の出席カードも入れ、自分のお財布を入れ、最後は聖書を入れようとします。

さすがにそれを見かねたヨウコ先生が、「タカシ君、ふざけないの！　やめなさい！」と言います。ショウ君はまずい！　という顔をして、自分の出席カードを取り出しましたが、タカシ君はニヤニヤしたままです。さらには、物が入っているままのフードをマサオ先生にかぶせようとします。「こら！　やめなさい！」とマサオ先生も怒った顔をして見せますが、タカシ君はへっちゃらな顔をしています。

ヨウコ先生は集中させようと「タカシ君、ここを読んでちょうだい」と聖書を渡します。タカシ君は、たどたどしく読み始めますが、二行ぐらい読んだところで「アブラハムは……おならをしました！」とまたふざけます。周りの子たちがクスクス笑い出すと、それに気を良くしたのか、今度はブゥ～っとおならの音真似をします。すると、ほかの子たちも声を出して笑いだしてしまい、ヨウコ先生が「やめなさい！」「静かに！」と言ってもおさまらなくなってしまいました。

ふざけてしまう子

タカシ君のような子どもはムードメーカーであることが多く、ゲームをしたり、みんなでワイワイ楽しく過ごしたりするときには良いのですが、静かに話を聞いてほしいときなどは困ってしまう先生も多いと思います。わざと人が困るようなことをしたり、周りの子にちょっかいをかけたり、大きな音を出したりと、何かと目立つようなことをしてしまう子どもたちの心では何が起きているのでしょうか？

このように子どもがふざけてしまうのにはいくつかの可能性が考えられます。ある子どもは「注目をされたい」ときにふざけてしまうことがあります。さみしいときや自分を認めてほしいと思ったときに、「さみしい」「抱っこして」「私のこと好き？」と素直に口に出せる子どももいますが、それを素直に言えない子どももいます。そのような子どもたちが「自分を見て！」という代わりに、ふざけることによって注目を集めようとすることがあります。先生たちが叱っても、ふざければ自分を見てもらえる、自分に注意が向けられる、ということを学習してしまい、わざとふざけてしまうこともあります。

あるいは、もともと人を楽しませたり、笑わせたりすることが好きな子や、注目されることが好きで調子に乗りやすい性格の子どもは、面白いことをすると周りが面白がってくれるのでふざけてしまいます。

また、苦手なことや不安なことから逃げようとしてふざけてしまうこともあります。今回のタカシ君の場合も、もしかしたら文字を読むことが得意ではなく、それを隠すためにわざとふざけて自分の気持ちを紛らわせようとしたのかもしれません。子どもは「恥ずかしい」、「怖い」、あるいは不安などを感じたときにふざけてしまうことがあるのです。人が大勢いるのに沈黙の状態が続くとそれに耐えられなくなることや、大声で怒鳴られたり、強く叱責されたりすると、その怖さから自分の身を守ろうとしてふざけることも考えられます。

ですから、「ふざけている子ども」とひとくくりにするのではなく、その背後にあるその子の気持ちによって、対応を考えていく必要があります。

一対一で話す時間を

ふざける子を叱ってもあまり効果がありません。自分に注目してほしくてふざけている子どもにとっては、叱られることで注目を得ることができるわけですから、逆効果になってしまうことが多いでしょう。調子に乗りやすい子どもの場合も同様です。また不安や恥ずかしさを隠すためにふざけている子にとっても、怒られるとさらに怖いとか恥ずかしいという気持ちが強くなりますから、ますますふざけるということになりかねません。

ですから、ふざける子どもを叱ることは悪循環に陥りやすいのです。

ではどうしたらよいのでしょうか。まずは一度、その子と一対一で話す時間を設けるとよいと思います。ふざけてしまう子はみんなの前ではなかなか本音を話せませんので、話に集中できる静かなところで、少し時間をかけて話をします。

そのときにはふざけることを叱ったり、「どうしてふざけるの？」と聞いたりするのではなく、「どうしてふざけちゃうのか、一緒に考えてみよう」と話すのがよいと思います。どうしてふざけてしまうのかを聞かれても答えられない子も多いからです。「学校はどう？　何か困っていることない？」「お友だちと一緒に笑ったりするのは楽しいよね。でもふざけて怒られちゃうこと、いっぱいあるかな？　怒られるってわかっていてもなかなかやめられないのかな？」などと聞いてみます。

恥ずかしさや不安からふざけてしまう子に対しては、「おとなもちょっと怖いときとか恥ずかしいときに冗談を言って気を紛らわせることがあるんだけど、〇〇君もそういうことある？」などと聞いてみると答えが返ってくるかもしれません。そうやってその子のことを理解してあげるだけでもよいのです。

そのうえで、まずは楽しくふざけていい時間とそうではない時間を分けます。例えば、聖書のお話の時間だけはふざけないようにがんばってみようと約束をし、静かに過ごせたらほめます。ごほうびシールなどを用意してもよいでしょう。聖書のお話の時間にふざけ始めたら、「今はお話を聞く時間だよ」とだけ言い、終わったときに「今日は静かにするのが難しかったね。また来週ね」と伝えます。楽しく過ごしていい時間は思いっきり楽しむとよいと思います。

安心を一緒に感じよう

いちばん大切なことは、子どもにとってCSが楽しい場であること、安心していられる心地よい場所であることです。CSは学校とは違い、教育の場ではありません。CSの先生たちが何かを教えなければならないとか、子どもを評価するような場ではありませんし、子どもにとっても最低限のルールはありますが、勉強などをしなければならない場ではありません。極端な話、子どもがCSに来て、何もしなくてもよいのです。

ですから、先生たちがんばりすぎないことも大切です。先生が安心していられることは子どもにとっての安心にもつながります。CSは先生にとっても子どもにとっても「安心していられる場所」を目指すことが大切だと思います。

マイルールにこだわる子――ケン君の場合

ケン君は小学二年生。お父さんと一緒にCSにやってくると、まっすぐ本棚に行き、恐竜図鑑を取り出します。「ケン君おはよう。その本、大好きなのね」とマサコ先生が声をかけても返事がありません。「すみません、ケンは恐竜のことになると夢中になってしまって……」「いえいえ、本当に恐竜が好きなんですね」「ええ」。お父さんとマサコ先生の間でそんな会話が交わされます。

時間になって「みんな、始めますよ」とマサコ先生が呼びかけますが、ケン君は動こうとしません。ヨシオ先生が「ケン君、ケン君の席に座っちゃうぞ〜」というと、ケン君はバッと立ち上がり、席に着きます。ケン君は必ず真ん中から一個右の席に座ろうとし、ほかの子がそこに座ろうとすると「ケンの席！」と言って譲らないのです。

「今日はイースターだから、教会のお庭でエッグハントをします。先に献金をしてから、外に行きましょう」とマサコ先生が言い、献金袋をケン君に渡します。するとケン君は「献金は聖書のお話の後です」と言って袋を受け取ろうとしません。「そうね、いつもはお話の後に献金だけど、今日は献金をして、お外に行ってから聖書のお話なの」「献金は聖書のお話の後です！」「だから、今日は特別なのよ」「献金は聖書のお話の後です！」そのままケン君は黙って固まってしまいました。

仕方なく、マサコ先生は献金の袋を隣のヨシオ先生に渡します。そのあとみんなが外に出て行っても、ケン君はじっと椅子に座ったままです。ヨシオ先生があの手この手でケン君を外に連れ出そうとしますが、ケン君は一向に動こうとしません。

自分の世界がある子

一つのことに集中してしまう子や、あることが気になると周りが見えなくなってしまう子がいます。そういった子は自分が興味のあることは饒舌《じょうぜつ》に話すけれど、興味のないことには反応しない、ほかの人がどう思うかを考えずに言いたいことだけを言ってしまう、冗談が通じないなど、人とのコミュニケーションがあまり上手ではないことも多くあります。

ですから、周りから「頑固」「融通が利かない」などと言われたり、「変わってる」としてからかいの対象になったり、誤解されたりしやすいのですが、決して本人は人と関わりたくないとか、人が嫌いなのではありません。

私たちはみな「自分の世界」を持った上で「外の世界」と関わっていますが、ケン君のような子は「自分の世界」が優先になっていて、「自分の世界」と「外の世界」をつなぐチャンネルが少し狭いだけなのです。

彼らには安心して過ごすためのマイルールがあります。それが周りから見ると、「興味の偏り」や「こだわり」に見えます。例えば「いつも同じ道を通る」「いつもの席に座る」「おもちゃを決まった順番に並べる」などです。このマイルールを守ることがその子の安心につながっています。ですから、予告なくその「いつも」が壊されるとパニックになってしまいます。

私たちは、「いつもはAだけど、今日は○○だからBなのだ」ということに対して過剰に反応せず、臨機応変に対応することができます。しかし、彼らはいつもと違う事態に対してどう対応してよいのかわからなくなってしまうのです。このようなときにギャーっと暴れてしまう子もいれば、固まって動かなくなってしまう子もいます。パニックの現れ方も子どもによって違います。

子どもがパニックを起こしたとき、周りは困ってしまい「なぜ今日はいつもと違うのか」を説明しようとします。しかし、パニック状態になってしまっている子にはいくら言葉で説明をしても届きません。どうしてパニックになっているのかという原因を聞き出そうとすることも彼らのなかの世界を余計に乱してしまうことにつながり、あれこれと言われるほど混乱してしまいます。その子が自分のなかで落ち着くまで待つ以外にないのです。

その子の世界を理解しよう

このような子どもにとって、「自分の世界」を安心安全に保つことはとても重要です。ですから、まずはその子の世界を理解してあげることです。もちろん完全に把握することはできませんが、彼らの言動から、その子が大切にしていること、守りたいと思っているルール、どんなときに不安になるのか、不安になるとどんな行動をするのか、好きなこと、楽しいと思うことは何か、どうやって人と関わろうとしているか、などを観察することはできます。

その子が好きなこと、楽しいことは外の世界とつながれるチャンネルです。ＣＳのなかで彼らと関わるときには、そのチャンネルを探して、そこからつながるように心がけるとよいでしょう。ケン君の場合なら、一緒に恐竜の本を読んだり、彼に恐竜のミニレクチャーをしてもらったり、恐竜の絵を描いてもらったり、といったほかの人と関われるような活動を取り入れることができるかもしれません。

ケン君が本を読みだすと人の話が聞こえなくなってしまうように、夢中になると周りが見えなくなるなどの行動については、タイマーなどを使用してもよいと思います。まずは「タイマーが鳴ったら着席する」というルールを設定し、何度か繰り返し教えます。あるいは、ＣＳが始まる前に同じ音楽を流して「その音楽が鳴っている間は好きなことをしてもよい、音楽が終わったらみんな席に着く」というルールでもよいかもしれません。これがルールとしてその子のなかに定着すれば、切り替えができるようになります。実際には子どもによって最適な方法が違うので、その子に合わせていろいろな方法を試してみてください。

心の準備をさせてあげよう

また、このような子にとって、いつもと違うこと、予想がつかないことは大きな不安の原因です。いつもと違うイベントがあることが事前にわかっているのであれば、何度か繰り返し予告をするようにします。「イースターの日は、晴れならば先に献金をしてからエッグハントをしに外に行ってから聖書のお話を聞きます。雨ならば、聖書のお話を聞いて、献金をして、分級で塗り絵をします」などのように、できるだけ具体的に伝えます。紙に図示したり、実際の行動をリハーサルすることもよいでしょう。

　このように心の準備をさせてあげることで、不安は減ります。しかし、予定を突然変更せざるを得ないときもあります。その場合はその場でできるだけの説明をしつつ、パニックに備えてください。パニックになってしまったら、周りはあわてずに収まるのを待ちます。子どもによっては不安への対処として、ブツブツと独り言を言う、うろうろ歩き回る、手をパチパチ叩く、同じ動きを繰り返すといった行動が見られます。危険なことでない限りはそのまま見守るのがよいでしょう。

ＣＳは、人とゆるくつながれる場所だと思います。ですから、自分の世界から外の世界につながるチャンネルが人よりも狭い子どもであっても、その子なりに人とつながって居心地よくいられる場所であってほしいと願います。

ウソをついてしまう子――エリちゃんの場合

エリちゃんは小学五年生。ピンクやかわいいものが大好きな、ちょっとおしゃまな女の子です。

分級の時間、高学年のお部屋で六年生のユカちゃんが、家族で行った動物園のお土産《みやげ》だよと言って、みんなにおせんべいを配りました。ほかの子は「ありがとう」などと言いながらもらうのに、エリちゃんはもらっても何も言わずにカバンに入れました。

そのあと、エリちゃんは勢いよく話し始めました。「ユカちゃん、動物園行ったんだー。エリはね、今度ディズニーランドに行くよ。そしたらみんなにもお土産にクッキー買ってくるね。チョコとか、イチゴ味のとか……」

アッコ先生が「エリちゃん、ありがとう。ユカちゃんもおせんべいありがとうね。うれしいけど、どこかにお出かけしても教会学校のお友だちにお土産を買ってこなくていいのよ。みんなもね」と言いましたが、「エリは買ってくるもん。あのねあのね、ディズニーランドにお泊まりするの。パパがいちばんかわいいプリンセスのお部屋を予約してくれたんだ。しかも二泊も!」とエリちゃんのおしゃべりは止まりそうにありません。

マサヤ君がちょっとイラッとしたように「ウソだよ! 前も同じこと言ってたけど、行ってないじゃんか!」と言いました。するとエリちゃんはむきになり、「今度は本当だもん。本当にパパが連れて行ってくれるって言ってたもん」と言い返します。こうなるとマサヤ君も負けてはいません。「お前んち、そんなにお金があるのかよー」「あるよ! うちお金持ちなんだからね。家だって広くて、お部屋も一〇ぐらいあって、車だって五台くらいあって、私のお部屋だって大きくてふっかふかのベッドがあって、すごいんだから！」「出たよーはいはい、エリお嬢様～」。マサヤ君がばかにしたように言うと、エリちゃんは「マサヤ君の意地悪！」と言って、ついにうわーっと泣き始めてしまいました。

困ったアッコ先生が「マサヤ君もういいから。エリちゃんもウソはダメよ。エリちゃんのおうちはあそこのマンションでしょ」と間に入りました。しかし、エリちゃんは「違うもん、ほんとうに、大きなおうちに住んでるんだもん！」と一向に泣き止む気配はありません。

子どものウソ

子どもは話し始めるのとほぼ同時期からウソをつき始めます。しかし

二、三歳ごろのウソは、子ども自身もウソだとは思っていないことがほとんどです。「デザートはご飯を食べてからだよ」と言われて「うん」と言いながらデザートに手を伸ばしたり、「パパにハミガキしてもらった？」と聞かれて、してもらっていなくても「してもらった」と答えたりします。子どもが自覚的にウソをつき始めるのは四、五歳ごろからです。このころになると自分を守ったり、怒られないようにしたり、自分の欲しいものを得るために意図的にウソをつくようになります。

例えば、物を壊しても下の子のせいにしたり、自分の分のおやつは食べ終わったのに、食べてないと言い張ったりします。親や周りのおとなとしてはウソをついてほしくないと思うでしょうが、これも子どもの心が発達してきた証拠です。

八、九歳ごろになると、子どもは人から自分がどう見えているかを意識しだすようになります。他人に自分をよく見せたい、ほかの子よりも優位に立ちたいという気持ちからウソをつくことが多くなります。きっとエリちゃんの場合も、自分をよく見せたい、自分の方がすごいと思われたいという気持ちと、注目されたいという気持ちが相まって、ウソをついているのでしょう。最初は、「こうありたい、こうであってほしい」という気持ちでついた小さなウソだったのが、否定されればされるほどひっこみがつかなくなり、どんどん大きなウソをつく羽目になります。

どうしてウソをついたのかを知る

子どもが（おとなもですが）ウソをつく理由として、「怒られたくない、責められたくない」「人に嫌われたくない」「やらなければならないことをやりたくない」「もっと認めてほしい、注目してほしい」「プライドを守りたい、弱みを見せたくない」「自分がいちばん得をしたい」「誰かを貶《おとし》めたい」などが挙げられます。

ですから、まず大切なことは、なぜその子がウソをついたのかをわかってあげることです。怒られたくないからとっさに「あの子がやった」とウソをつくのと、ほかの子を陥れるために「あの子がやった」と言うのとでは対応が違ってきます。

さらに、ウソをついた背景にも目をやる必要があります。例えば、怒られたくなくてウソをついたのが、お父さんが怒るととても怖い人だからなのか、自分が怒られるとお母さんに心配をかけてしまうと思ったからなのかでは、ウソの意味が違います。

ほかの子を陥れるためにウソをついたとしても、それは以前にその子にいじめられていたからなのか、親の期待が非常に強く、「あの子には負けちゃだめよ」と言われ続けてきたからなのかによっても、ウソをついたことの意味が変わってきます。

ですから、その子とウソをついた理由について話ができるとよいでしょう。もちろんウソをついたことを正当化するわけではありませんが、エリちゃんの場合は、みんなの前でウソはだめだよ、と注意しても逆効果になります。みんなと別の部屋で、明らかなウソの部分だけ、「どうしたの？　マサヤ君にウソつき呼ばわりされて嫌だったのかな？　だから、つい大きなことを言っちゃったのかな？」などと話すのがよいでしょう。

それでも子どもは自分がウソをついたことを認めないかもしれません。そのときには、今日はこの話はおしまい、と打ち切ることも必要です。あるいは、物を壊したことを下の子のせいにしてしまったようなときには、「怒られたくなかったのかな？　だから○○ちゃんがやったって言っちゃったのかな？」と子どもの気持ちを汲んであげることが大切になります。

ウソをつかなくていいようにしてあげよう

ほかにも大切なことがあります。それは子どもがウソをつかなくてもよい状況を作ってあげることです。本当のことを教えてほしいと話し、それに応えてくれたときには「本当のことを言ってくれてありがとう」と伝えます。エリちゃんのように自分に注目を集めたくてウソをついてしまうような子には「ユカちゃんがちょっとうらやましかったんだよね。みんなにすごいって言ってもらいたいもんね。大きなおうちに住んでいなくたって、エリちゃんのすごいところはいっぱいあるよ」と伝えます。

そして、次からはウソをつく前に話をさえぎってしまうとよいでしょう。周りの気を引こうとしてウソをついてしまうような子どもは、ウソがどんどんエスカレートしてしまい、それを本人自身も止めることができなくなってしまいます。ですから、周りがウソを止めてあげることが大切なのです。

おとなやＣＳ教師としては、「ウソをつくことはダメなこと！」として子どもを諭し、改めさせようとしがちです。しかし、ウソはダメだけど、あなたがウソをついてしまう気持ちはわかるよ、と子どもの気持ちを考えた対応をしていただければと思います。

いい子の優等生――アキちゃんの場合

　アキちゃんは小学六年生。二年生の弟ヒロ君と幼稚科の妹ナナちゃんと一緒にＣＳにやってきます。「あ、アキちゃんだ！」と小一のハナちゃんと小二のラナちゃんが飛びつきます。「アキちゃん、おりがみ教えて！」「ラナのほうが先だもん！　アキちゃん絵本読んで！」「ずるいー、ハナも！」とアキちゃんの取り合いっこ。

　アキちゃんは落ち着いたもので「ハナちゃん、ラナちゃん、おはよう。この前は絵本読んだから、今日はみんなで一緒に折り紙しよう！　ラナちゃんもやらない？」と声をかけます。「さすがアキちゃん。いいお姉さんね」とキョウコ先生。面倒見のよいアキちゃんは低学年の子たちのお世話もすすんでしてくれるので、ＣＳの先生たちは大助かりです。

「さあ、今日の分級は合同で、クリスマスの劇の練習をしますよ。みんな自分のセリフは覚えてきたかな？」とキョウコ先生が声をかけると、ヒロ君が「オレ、宿屋の『主人①』だぜ。『今日、お前たちの泊まる部屋はない！』って言うんだ！」と得意げに言いました。「偉い偉い、アキちゃんと一緒に練習したんだね。アキちゃん、マリアさんはセリフが多いからがんばってね。まぁ、アキちゃんなら大丈夫か」とキョウコ先生が言うと、アキちゃんは少し自信なさそうな声で「はい」と返事をしました。

キョウコ先生の指示で、天使がマリアのところにやってくるシーンから練習開始です。しばらくは順調に進んでいたのですが、あるところでアキちゃんのセリフが出てきません。キョウコ先生が、「『お言葉どおり』よ」

と小声でささやきますが、アキちゃんは黙ったまま固まってしまいました。天使役のユウちゃんも困った顔でアキちゃんを見ています。ヒロ君が「ねぇちゃん、だっせ〜。セリフ忘れてやんの」と言ったとたん、アキちゃんの目からポロポロと涙がこぼれてきました。「ヒロ君、そういうこと言わないの！　アキちゃん大丈夫よ、まだ練習時間あるから」とキョウコ先生があわててアキちゃんに駆け寄りますが、アキちゃんはその場にうずくまってしまいました。

「いい子」でいるのも大変

みなさんのＣＳにもアキちゃんのような「いい子」はいませんか？　すすんで先生たちのお手伝いやほかの子のお世話をしてくれる。聖句や聖書のお話もほとんど頭に入っていて、質問するとだいたい予想どおりの答えが返ってくる。羽目を外すことや無茶なことは絶対しない。このような子は、手のかかる子と比べると目立たず、楽な子と言われることが多いです。でも「いい子」でいるのは大変なことでもあるのです。

「いい子」の多くは、親や周りのおとなの期待に応えたいとがんばっています。そのため、自分の気持ちやしたいことよりも周りの人の気持ちや願いを優先させてしまいます。例えば年下の子に大切な本を破られても、「まだ小さいんだから仕方ないよね」と、泣いたり怒ったりすることを我慢してしまいます。親が「さすがお姉ちゃんね。偉いわね」とほめたりすると、ますます泣いたり怒ったりすることはワガママのように感じて、自分の気持ちを封じこめてしまいます。また、何かを断ったり、「できない」と言ったりすることが難しく、いつも周りの人の機嫌や顔色をうかがい、常に「模範解答」は何かを考えるようになります。

このような子は、弱音を吐くことや、自分の気持ちを表現することが難しく、人を頼ったり、助けを求めたりすることができないこともあります。また、失敗することに対して過度に恐怖を感じる子も多いです。「大丈夫？」と聞かれると、本当は自信がなくても、無理かもしれないと思っていても「大丈夫です」と答えてしまいます。「人に助けてもらう自分」や「失敗する自分」は「いい子」ではないと感じているからです。

アキちゃんの場合も、先生からの「さすがアキちゃん」「アキちゃんなら大丈夫」などの言葉が重荷となり、人前で失敗したときにどうしたらいいかわからなくなり固まってしまいました。多くの場合、親も周りのおとなも、子どもをほめるつもりで口にする言葉が、子どもが「いい子」でいるように縛っているとは思いもしないのです。

「いい子」もＯＫ、「いい子」でなくてもＯＫ

「いい子」は必ずしも「いい子」でいることがつらくて嫌だ、と思っているわけではありません。自分が「いい子」でいることにプライドがあったり、「いい子」である自分が好きだったりします。けれども同時に「いい子」でいることのつらさを感じ、甘えたくても甘えられないことも多いのです。「いい子」であること自体は悪いことではありません。親や周りのおとなの期待に応えたい気持ちがモチベーションになって、その子の能力が伸びることもあります。ですから、単純に「いい子」であることをやめさせれば良いというわけでもないのです。

では私たちはどのようにしてあげればよいのでしょうか。まずは先生が「いい子」であることを求めないことです。おとなはどこかで子どもが

「いい子」であることを求めてしまいます。「ワガママを言わない子」「手がかからない子」「先生を助けてくれる子」ばかりだったらCSも楽なのに、などと思ってしまいがちです。でも子どもたちがワガママを言ったり、おとなの目から見ると理不尽なことをしたりするのは当たり前のことです。

ですから、手のかからない子がいたら、「無理をしていないかな？　本当は助けてもらいたいと思っていないかな？」と気にしてあげてください。「無理してない？」と声をかけても「大丈夫です」という返事が返ってくるかもしれません。そのようなときには「大丈夫ならそれでいいけど、もしつらいなとか、助けてほしいなということがあったらいつでも言ってね。先生はあなたの味方だよ」と伝えてください。それだけでも、「つらいと思ってもいい、助けてほしいと思ったら言ってもいいんだ」ということが伝わります。

「いい子」が失敗してしまったときには

また、そのような子が失敗してしまったら、まずは本人が落ち着くまでそっと見守ってあげることが大事です。「いい子」にとって失敗することはとてもショックな出来事です。そのようなときに「大丈夫だよ」といくら伝えても、本人はすぐには受け入れられません。ですから少し時間を置き、本人が落ち着いてきたら話をするのがよいでしょう。話すときには本人の「いい子でいたい」という気持ちを否定しないようにしてあげてください。

例えばアキちゃんに対しては、「いい子でいてくれて先生はいつも助かっているよ。でもね、先生はアキちゃんがいい子だから好きなんじゃないよ。いい子じゃなくても、失敗しちゃっても全然がっかりしないし、嫌いにならないよ。むしろ、失敗してくれてホッとしたよ。先生なんて失敗してばっかりだし」などと伝えてあげるといいのではないでしょうか。そうやって「いい子ではなくてもＯＫ」だということを子どもに伝えることで、本人が「いい子の自分もＯＫ。いい子ではない自分もＯＫ」と思えるような環境を作れるとよいと思います。

CSを安心できる場所にしよう

「カイト、CSの間はゲームなしだぞ！」

大学生のツヨシ先生が声をかけると、五年生のカイト君はつまらなそうに、ゲームをしまいます。「よしよし。それでこの前の水泳の昇級試験どうだった？」「え、普通に受かったよ」「すげーじゃん！　俺なんてクロール一〇メートルだってきついのに」「あんなの、誰だって受かるよ」と言いつつ、カイト君はまんざらでもなさそうな表情です。

すると「ツヨシ先生、オレの話も聞いて！」「えーオレだって！」「ずるい！　ボクも話したい！」と男の子たちが次々群がってきます。

「待って待って、いっぺんに話されてもわかんないよ。順番ね」。ツヨシ先生は、子どもたちに人気のアニメやゲームもよく知っているので大人気です。

本棚のコーナーでは、ユカリ先生が幼稚科の子どもたちに絵本の読み聞かせをしています。ちょっと離れたところから、二年生のリカコちゃんがじっとユカリ先生を見ています。「リカコちゃん、絵本読むのお手伝いしてくれる？」とユカリ先生が声をかけます。「リカコ、読むの上手じゃないから……」「じゃあ、絵本のこっち側をもって、めくるのを手伝って」と言うと、リカコちゃんはうなずいてユカリ先生の隣に座りました。「ありがとう。助かるわ」とユカリ先生が言うと、リカコちゃんはうれしそうな顔をしました。

大ベテランのトミコ先生は、六年生のミサキちゃんに「どうしたの？今日はなんか元気ないね？」と声をかけます。すると、ミサキちゃんは目に涙を浮かべながら「この前マミちゃん抜きでほかの子たちと遊びに行ったら、マミちゃんが怒っちゃって……。謝ってもゆるしてくれないし、話しかけても無視されるし、みんなに私の悪口言ってて……」と話し始めました。

トミコ先生はティッシュを渡します。「お母さんは知ってるの？」「知らない。言ったら、マミちゃんちに電話しちゃいそう」「じゃあ、先生と一緒にお母さんと話す？」ミサキちゃんは少し考えてから首を横に振りました。「大丈夫。自分で言う」「わかった。じゃあ、来週どうなったか教えてね」とトミコ先生が言うとミサキちゃんはコクリとうなずきました。

ＣＳってどんなところ？

ＣＳにはいろいろな子どもがやってきます。素直に甘えてくる子、わざと人が困るようなことをして気を引こうとする子、自分から悩み事を相談してくる子、こちらが声をかけないとなかなか話してくれない子。時にはＣＳ教師としてどう対応したらよいのかわからない子もいるかもしれません。子どもたちの態度はさまざまですが、どの子も大切にされたいという思いは一緒です。そのような子どもたちに、ＣＳでは何をしてあげられるのでしょうか？

子どもたちにとってＣＳは、いつも通っている学校や習い事とは違う場所です。ＣＳでは、聖書についてのお話を聞いたり、暗唱聖句をしたりしますが、学校のように成績表があるわけではありません。また、習い事のように何かができるようになるために通って、指導を受けたり、練習したりするところでもありません。

ＣＳでは子どもたちに優劣をつけたり、評価をしたりしません。だからこそ、ＣＳは子どもたちが安心できる場所になりえるのです。

安心できる場所にしよう

子どもが安心できる場所とはどんな場所でしょうか？　自分のことを見てくれて、言いたいことをちゃんと聞いてくれる人がいるところです。「聞いて！」と言ったときだけでなく、言いたいことがあるのに言えないときにも「どうしたの？」と声をかけてくれるような人がいるところです。

また子どもが、「ここに来れば一緒に遊んでくれる人がいる、困ったときに相談に乗ってくれる人がいる」と思える場所であることもとても大事です。

ただし、安心できる場所は「自由に何でもしていい場所」とは違います。子どもたちが自分たちのやりたいようにやって無法地帯になってしまっては、ほかの子どもたちの安全が脅《おびや》かされてしまいます。ですから、そこは先生たちがコントロールをすることも大切です。CSのなかのルールが明確で、それが守られていることも、子どもたちの安心につながるのです。先生によってルールが違ったり、同じことをしてもA君は怒られたのにB君は怒られなかったりすると子どもたちは混乱します。

子どもたちには、最低限守らなければならないルールをはっきりと示すことが大切です。例えば、「相手が『やめて』と言ったらやめる」「献金のお当番は順番に（順番表を作ってもいいかもしれません）」などです。

CSが子どもにとって安心できる場所であると、子どもは家庭のこと、学校のことなど、簡単には解決できないようなことを話してくる場合があります。そのようなときに、子どものために何をしてあげたらいいのだろうかと戸惑うこともあるかもしれません。

そのときは、その子の気持ちを否定せず、そのまま受け止めてあげてください。そして、次会ったときに「その後どう？」と聞いてあげてください。自分の話を覚えていてくれただけでも、子どもはうれしいと思います。

先生たちのちょっとした声かけや温かいまなざしがあるだけで、ＣＳは子どもたちが安心して自分らしくいられる場所になります。

みんなで見守り育てていく

最後に、先生が一人でがんばりすぎないことが大切です。子どもたちのことを大切に思って一生懸命になってしまう先生ほど疲れやすく、うまくいかなかったときに気落ちしてしまいがちです。

また「自分で何とかしなくては」と思ってしまうと、一人で抱えこんで、行き詰まりを感じやすくなります。先生たち同士で、うまくいかなかったり、困ったりしていることなどを一緒に話し合って、祈り合うことがとても大切です。話し合ってもすぐに解決しないかもしれませんが、気持ちが少し軽くなります。

さらに、いつもどおりできていることや子どもたちの成長、うまくいったことなどを先生たちのなかで共有することも励みになります。そうやって、目の前にいる子どもたち一人ひとりを大切にし、先生たちがお互いに支え合って、子どもたちを育てていくことが重要なのです。

また、ＣＳの先生たちだけががんばる必要もありません。教会の子どもたちは教会の宝物です。教会全体で、みんなで見守って、みんなで育てていく、そんなふうになったら、きっと子どもたちにとって教会もＣＳも特別な場所になるのではないかと思います。

《コラム》思春期の危機

よく「今の子どもたちは、昔の子どもたちとずいぶん変わったのでしょうか？」という質問を受けます。私の答えは「はい」と「いいえ」の両方です。

「今の子どもたちは昔と違う」と思われるのも、ある意味当然かもしれません。統計を見ても、不登校やいじめ、暴力行為などは昔よりも増えています。おとなたちが今の子どもたちを理解できないと思うのもうなずけます。

しかし、今の子どもたちは決して「異星人」ではありません。一人ひとりの子どもの「自分を認めて愛してほしい、自分らしく輝いて生きたい」という想いは、昔も今も変わっていません。ただ、子どもたちを取り巻く環境が激変していることは事実で、そのためにその想いの表現の仕方が違ってきているのだと、私は考えています。

思春期は、身体的にも精神的にも非常に大きな変化を遂げる時期です。この変化は、成長の証しであり、喜ばしいことですが、本人たちにとっては慣れ親しんだコドモの世界から、未知のオトナの世界に足を踏み入れることを意味し、不安や恐れを感じる場合も多いのです。また、思春期は身体的にも心理的にも不安定になりやすく、さまざまな面で問題が起きやすくなります。それはある意味、人生始まって以来の最大の危機といってもいいかもしれません。

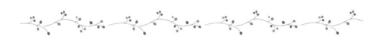

思春期の子どもたちが抱える問題

では、思春期の子どもたちの問題にはどのようなものがあるのでしょうか？

思春期のいちばんの特徴は、第二次性徴期を迎えることですが、体の発達は子どもにとってうれしいことばかりではありません。初めてのことで戸惑う気持ちや不安、自分で自分をうまくコントロールできない歯がゆさ、自分の体が自分のものではないように思われる居心地の悪さなどを感じることもよくあります。

また、身体的発達は個人差も大きいため、人より成長が遅かったり、自分には外見的な魅力がないと思っている場合には、自信を失い、劣等感に苦しめられることもあります。子どもが自分の心身の変化を良いことであると受け入れるには、誰かに自分の気持ちを打ち明けることができること、そして親や周りの人がこのような変化をプラスとして受け止めていることが重要です。

内科的には何の異常もないのに、頭痛、腹痛、発熱、吐き気、下痢などの身体症状が続く場合には、心身症が疑われます。薬などの対症療法とともに、子どもの話をしっかりと聴いて、目を向けてあげる必要があるでしょう。

摂食障害も気をつけなければならない問題です。最初は軽い気持ちでダイエットをするつもりが、拒食、過食などの食行動異常が見られるようになり、悪化していくケースも多くあります。しかし、本人は自分が病気だと思っていないことも多いので、家族だけでも専門の医療機関に相談に行かれたほうがよいでしょう。

思春期の子どもにとって、自分の考え方や感じ方に共感してくれる

「友だち・仲間」の存在は大きな意味を持ちます。と同時に、仲間の目が気になる、自分がどう思われているのか、嫌われていないか、という悩みの種になることも多いのです。仲間と「違う」と思われたくないがために、みんなと同じ外見や行動をすることにこだわったり、周りに合わせようとがんばりすぎてしまったときに、問題が起きやすくなります。「人の目が気になる、笑われている気がする、自分の悪口を言われている気がする」などと訴え、学校に行きたがらない、人を怖がる、外に出るのも嫌がるなどの反応を示すこともあります。

この訴えを、気のせいとか気にしすぎと受け流さず、本人のつらさを受け止めてあげることが必要です。日常生活に支障をきたすようであれば、精神的な病気の発症も考えられるので、医療機関の受診が必要です。

問題との向き合い方

行動に表れる問題は、不登校、いじめ、ひきこもり、家庭内暴力、非行などです。どの問題も原因や解決方法が明確ではなく、対応が困難なケースが増えています。また中高生になると活動範囲が広がり、人間関係や行動も見えにくくなるために問題の発見が遅れてしまうこともあります。家庭の問題が背後にある場合には、解決にも時間がかかります。いずれの場合にも一部の人が問題を抱えこむのではなく、学校や地域の社会資源を活用するなどして、多くの人が関わるなかで解決策を探るほうがよいでしょう。

問題行動、非行に関しては、ピア・プレッシャー（仲間からの圧力）が働くことも考慮しなければなりません。仲間の前だとかっこつけてしまう、自分だけ違う態度をとることができない、ということがあるからです。例えば、友だちや先輩に飲酒、喫煙を勧められたときに断るのは、とても勇気がいることです。最近ではタバコやお酒だけでなく、薬物も比較的簡単に手に入りますし、援助交際、妊娠、中絶、あるいはリストカットなどの自傷行為の問題もあります。

問題が明らかになったときには、本人を叱るだけでなく、なぜこうなったのか、子どもの言い分や立場を理解しようとすることが必要です。その際、特に気をつけなければならないのは、子どもの友だちの悪口を言わないことと、友だちの前で本人を叱ったり、子ども扱いしたりするなど、本人の面子《めんつ》をつぶすような言動をしないことです。

現代の子どもたちの人間関係は、スマートフォン、メールやSNS、インターネットの登場によって、ずいぶんと様変わりしています。スマートフォンやSNSは、常に仲間とつながっていられる便利な手段ですが、誤解や感情的な行き違いといったトラブルも起こりやすいものです。そして関係が悪くなれば、相手をブロックするなどして、相手との関係を簡単に断ち切ることができてしまいます。あるいはネット上で、自分にとって都合のよい人間関係にのめりこんでしまう子どももいます。このため、実際に人間関係を築くことや、トラブルに対処し、上手に自己主張することなどが難しくなっているように思われます。

深刻な問題となっている「ネットいじめ」は、おとなたちが見抜きにくく、実態を把握して根絶することがとても難しいものです。子どもたちにネットの危険性をきちんと認識させ、正しく使う方法を教えていくことが必要です。

反抗期の大切さ

思春期のもう一つの特徴は、反抗期です。反抗期は、程度や表れ方に個人差はありますが、子どもが自立するために必要なものです。思春期の子どもは、身体的にも精神的にもオトナに近づきますが、まだまだコドモの部分が残っています。「コドモ扱いするな」と言ったかと思うと、「まだコドモなのだから、仕方ないじゃないか」と言ったりして、おとなの目にはうまく使い分けているようにも見えますが、彼らなりにコドモとオトナの間でバランスをとろうとしているのです。

反抗期は、自我の発達にともなって、自分の存在を強く主張しようとするものです。親に対しての反発心、敵対心という形をとりますが、その背後には社会や権威に対しての批判や怒りがあります。成長とともに、ものごとを客観的に見られるようになると、親やおとなの不完全さ、社会の矛盾点などに気づき、今まで教えられてきた世界観や価値観に疑問を持ち始めます。コドモの世界は白か黒で分けられ、ものごとは単純でしたが、オトナの世界はそれほど単純ではないことに気づき、灰色の部分が見えてきます。しかし、彼らはその灰色の部分を認められるほどオトナにはなっておらず、それを許せない気持ちが、親を含む社会や権威に対しての批判や反抗心となって表れると考えられます。

あるいは、反抗の裏側には、自分自身に対する苛立《いらだ》ちや、人間関係、学業や将来に対する不安などがあり、単に親の言うことを聞きたくない、というだけではないのです。

反抗の原動力となる怒りは大切な感情ですが、誰も傷つけることなく、怒りを適切に表現する訓練が必要です。怒りは、誰かにしっかりと受け止めてもらうことで、本人の心に収まります。そうしなければ、怒りが自分に向かって、自己破壊行動や身体症状、精神症状となって表れたりしますし、外に向かう場合には、非行や犯罪といった反社会的な行動へとエスカレートしていってしまうこともあります。

子どもがきちんと反抗期を乗り越えて、成長するためには、親や周りのおとなが反抗期をどう受け止め、対処するかが重要です。子どもの言い分をじっくりと聴き、欠点を指摘されても率直に受け止め、こちらに非があるならそれを認めることが大切です。ウソやごまかし、自己正当化では、子どもの怒りを収めることはできません。そして、この世界は残念ながら、とても複雑で、白か黒に分けられることばかりではないことを教えていく必要があります。反抗期真っ最中だと、親の言うことを冷静に聞いたり、受け入れたりはできないものです。そのようなときには、しばらくそっとしておくことも必要です。

このように思春期の子どもたちは、多くの危機的状況に直面しています。しかし、危機は成長のチャンスでもあります。子どもは強い態度を見せていても、内心はさまざまな不安を抱えていて心細く、自信を失いそうになっており、自立と依存の間で揺れているのだということを理解し、彼らがうまくこの危機を乗り切って自立したオトナへと成長できるよう、あたたかく見守ってあげてください。

あとがき

教会で、大切なご家族を最近亡くされた方が隣に座っておられました。私はどのようにお声をかけたらいいのか悩みながら、ご挨拶などをしてみましたが、その方の硬い表情は変わりませんでした。ところが、その場にまだ一歳にもならない赤ちゃんを抱っこしたお母さんがやってきました。その方は赤ちゃんを見るなり、途端にお顔がほころびました。そしてお母さんに「だっこしてもいい？」と尋ね、赤ちゃんを抱き上げました。赤ちゃんをあやしているその姿は、とても優しい表情を浮かべておられました。私のどんな言葉よりも、その赤ちゃんの笑顔の方が何十倍もその方の慰めになったのだと感じました。

教会はおとなたちが集まる場、という印象が強いかもしれません。しかし、親子室やＣＳルーム、食堂、礼拝堂などに少し目を向ければ、教会のなかにはたくさんの子どもたちがいることに気が付きます。教会は赤ちゃんからご高齢の方まで、さまざまな世代が共に集い関わり合う特別な空間です。

共に関わり合うとき、おとな同士であれば比較的理解しやすいかもしれませんが、子どもたちについては「わからない」と感じることも多いでしょう。それでも、教会に与えられた宝物である子どもたちを、みんなで守り育てていけたら素晴らしいですね。子どもたちが教会という場で安心して成長できるよう、すべてのおとなたちが協力し、その喜びを分かち合える教会になればと願っています。

あとがき

本書を書くにあたり、多くの方々の支えをいただきました。
出張先のホテルで私と一緒に「こんな子いるよね」と子どものケースを考え、行き詰まった原稿にヒントを与えてくださった聖学院大学の同僚である竹渕香織先生に、心より感謝申し上げます。また、私の原稿を真っ先に読んでくれ、辛口ながらも的確な指摘で推敲を手伝ってくれた娘にも深く感謝します。さらに、多大な忍耐と情熱をもって連載をご担当いただき、本の形にまとめてくださった日本キリスト教団出版局加藤愛美さんにも心からお礼申し上げます。そして、この本を手に取ってくださった読者の皆さまにも、感謝の気持ちをお伝えします。

この本が、子どもたちと関わるすべての方の励みとなり、教会やご家庭での子どもとの関係がさらに豊かなものとなることを願ってやみません。

また子どもたちが神さまのもとで成長し、それを支えるおとなたちが互いに励まし合いながら歩む未来を、心から祈っています。これからも、子どもたちとともにある教会の豊かな未来を祈りつつ、この本を閉じたいと思います。

二〇二五年一月

村上純子

《初出一覧》

子どもと育ちあう

「子どもと育ち合う」

（「こころの友」〈日本キリスト教団出版局〉、二〇一〇年四月号～二〇一一年三月号）

〝ちょっと困った行動をする子〟との関わり――CSで出会う子どもたち

「どうして、そういうことをするの？――子どもの行動の奥にあるもの」

（『季刊　教師の友』〈日本キリスト教団出版局〉、二〇一三年四、五、六月号～二〇一五年一、二、三月号）

《コラム》思春期の危機

「思春期の危機」（『信徒の友』〈日本キリスト教団出版局〉、二〇一〇年三月号）

村上　純子（むらかみ・じゅんこ）

公認心理師・臨床心理士。

慶應義塾大学文学部卒業、Wheaton 大学大学院臨床心理学修士課程修了、聖学院大学大学院欧米文化学博士課程修了。博士（学術）。現在、聖学院大学心理福祉学部教授、キリスト教カウンセリングセンター（CCC）講師、カウンセリングオフィスお茶の水代表。

精神科クリニック、総合病院に心理士として勤務。震災被災者の心のケアにも携わる。公立の小学校、中学校、高等学校のスクールカウンセラーを 15 年以上務め、現在も心理カウンセラーとして働く。

〈著書〉

『キリスト教カウンセリング講座ブックレット 16　子育てと子どもの問題』（キリスト新聞社、2009 年）、『臨床死生学研究叢書 1　死別の悲しみに寄り添う』（共著、平山正実編著、聖学院出版会、2008 年）ほか。

子どもと育ちあうために
「どうしよう？」と悩むときのヒント

2025 年 4 月 25 日　初版発行

著　者　村　上　純　子

発　行　日本キリスト教団出版局

〒 169-0051　東京都新宿区西早稲田 2 の 3 の 18
電話・営業 03（3204）0422、編集 03（3204）0424
https://bp-uccj.jp

印刷・製本　ディグ

ISBN 978-4-8184-1194-4　C0016
日キ販
Printed in Japan